# SOURIS AUSSI...

*Du même auteur:*

En pleine lumière
Les rendez-vous de 11 heures
N'oublie pas de danser
La Casa Bella


Polyglotte, ancienne enseignante, grande amoureuse des mots, je joue avec eux depuis que je suis en âge de tenir un stylo. Les mots ont pour moi bien plus qu'une sonorité, ils ont un parfum, une couleur...
Je vis à Paris où je me consacre pleinement à l'écriture.

*Sur la route*

La pluie perlait sur son visage,
Des pensées, bien que sages,
Déferlaient à vive allure,
Le regard sombre,
Terni par la pénombre,
Elle avançait dans les rues,
Le teint blafard, presque perdu,
Elle ne connaissait plus le chemin,
Ne croyait plus au destin,
Où était-il ?
Où se cachait-il ?
Délicieux moments volés,
Comme égarés une belle nuit d'été,
Ou bien le temps d' une nuit hivernale,
Le bonheur s'est doucement fait la malle.

*La beauté des souvenirs*

Un matin tu te réveilles,
Rien n'est plus pareil,
Une parenthèse s'ouvre,
En silence, tu souffres,
Doucement, tu reprends tes esprits,
Puis, à nouveau tu souris,
Regarder en arrière est douloureux,
Fait renaître des sentiments malheureux,
Enfouis,
Ternis,
Cachés,
Refoulés,
Comme une paternité,
Non assumée,
Puis, vient un jour où tu ouvres l'album à nouveau,
Et les souvenirs te paraissent plus beaux,
Ils éclaboussent le passé,
Sont fiers d'exister.

*Montre-toi !*

Talent caché,
Tu n'oses pas te montrer,
Tu crains de te perdre en chemin,
De manquer de repère auprès des tiens,
Comment faire pour t'apprivoiser ?
Pour vivre à tes côtés ?
Ma plume ne demande qu'à se promener entre les
lignes,
Elle n'attend de moi qu'un signe,
Serait-ce par l'affirmative que tu veux lui
répondre ?
Par pitié, fais vite, je la vois se morfondre !
Elle traîne sur le papier,
A la recherche d'un mot à animer,
D'une consonne ou d'une voyelle à chérir,
D'une phrase à nourrir.

*La ville magique*

La nuit dernière, par la fenêtre,
La ville semblait s'étendre de tout son être,
Un voile blanc recouvrait les rues,
Les routes, les belles avenues,
La neige fraîchement tombée,
Le froid parfaitement installé,
Le brouillard s'agitant dans le ciel,
Cette ville chaque jour encore plus belle,
La découvrir,
La voir s'ouvrir,
Avec délice,
Et malice,
Les passants au regard amusé,
Un tantinet séduits et attirés,
Ne cessent de lui rendre visite,
Et veulent que Paris les abrite.

*Exaltation*

Loin de tout soupir,
Enfin elle respire,
Loin de l'agitation,
Dans une sorte de contemplation,
Elle revit,
Fait de l'océan sa vie,
Son univers,
Elle ne touche même plus la terre,
Presque dans les nuages,
Cette âme n'a désormais plus d' âge,
Elle sourit à l'horizon,
Au soleil, à ses rayons.

*L'amour fou*

Cet amour fraîchement né,
A quelque chose de déraisonné,
Les couleurs que tu as posées sur la palette,
Ont de quoi me faire tourner la tête,
J'en perds vite la raison,
J'ignore même ce qui est bon,
Cet amour, bien que heureux
A quelque chose de dangereux,
Tu joues avec mes émotions,
Avec toi, je connais la passion,
Mais aussi la souffrance,
M'offriras-tu une danse ?

*Console-moi !*

Tes lèvres m'effleurent,
D'un seul coup effacent mes pleurs,
Chassent mes sombres pensées,
Sans cesse par la vie alimentées,
Je reçois ton baiser et ta douceur,
Loin de moi se retrouve ma peur,
Je t'ai longtemps cherché,
Je pense t'avoir trouvé,
Écris cette histoire avec moi,
Je t'en prie, ne t'échappe pas.

## *Être là*

J'aurais aimé te voir grandir,
Ne pas être là que pour te voir mourir,
T'effacer,
Te retrancher,
De ce monde que tu renies,
De cette vie que tu n'as pas choisie,
J'aurais aimé être là,
Que tu puisses m'appeler papa,
Pour essuyer tes larmes,
Celles qui aujourd'hui sont tes armes,
J'aurais aimé te voir prendre plaisir à rire,
Ne pas feindre sans cesse tes sourires.

*L'histoire*

Tu m'as livré ton cœur,
Sans passer par le facteur,
Tu es venu en bas de chez moi,
As défié un cœur  fermé aux émois,
J'ignore les raisons de ton choix,
Pourquoi m'as-tu choisie moi ?
Qu'ai-je de plus qu'une autre ?
Saurais-je écrire l'histoire qui sera la nôtre ?
Aide-moi à prendre la plume,
Avant que notre idylle ne se consume.

## *Passionnément*

Avec toi, je tiens le premier rôle,
La passion, je la frôle,
Du bout des doigts, je la tiens,
Le bonheur, je connais le chemin,
J'ai l'adresse dans mon carnet,
Qui dort sur ma table de chevet,
Je connais aussi l'allégresse,
Lorsque de tes mains, je savoure tes caresses,
Je touche à la félicité,
Quand mes lèvres goûtent à tes baisers.

*A ma façon*

Originale,
Quelque peu marginale,
Incomprise,
Toujours surprise,
Fatigable,
Irritable,
Une passion prononcée pour les adverbes,
Un  profond rejet pour les remarques acerbes,
J'avance dans cette vie,
Que je n'ai pas choisie,
J'avance dans cette existence,
Je la laisse mener la danse,
Je l'autorise à m'emmener,
La où elle veut me porter,
Pourvu que le voyage soit doux,
Que je n'attire pas les courroux,
D'autrui,
Ni de la vie.

*Danse, danse*

J'ai dansé toute la nuit,
La musique est rentrée dans ma vie,
Je lui ai ouvert la porte,
Il ne fallait ensuite plus qu'elle n'en sorte,
J'ai aimé l'emporter avec moi,
J'étais la reine, elle était mon roi,
Ses notes délicatement déposées,
M'ont fait quelques paroles fredonner,
J'ai dansé toute la nuit,
J'en ai oublié mon cœur meurtri,
Par la souffrance,
Le manque de chance,
Bras dessus bras dessous,
Les couplets si entraînants, si doux,
A force de me déhancher,
Mes chaussures, j'ai chagriné.

*Persiste !*

Tu te caches dans la pénombre,
Tu préfères l'ombre,
Crains sans cesse le soleil,
Devant lui jamais ne t'émerveilles,
Tu te réfugies dans le noir,
Le costume du désespoir,
Tu ne t'habilles que d'une seule couleur,
Celle qui annonce ton propre malheur,
Tu t'habitues à lui,
C'est vrai que tu aimes aussi le gris,
Tu détestes la force de la lumière,
Devant elle tu perds tes repères,
Accroche-toi,
La vie t'attend, elle est là.

*La nuit me ment*

Morphée,
Je t'ai longtemps cherché,
Ce petit jeu a fini de me plaire,
Cela ne peut me satisfaire,
Tu te conduis en roi,
Fais ce que tu veux de moi,
Je suis offusquée,
D'être de la sorte traitée !

*L'instant*

La nuit se propage,
Derrière de somptueux nuages,
Cachant un ciel bleu,
Accompagné de rayons de soleil heureux,
Un léger vent rejoint la ville,
la maquille, l'habille,
Sa fraîcheur agréable,
N'a de cesse d'être honorable,
Au balcon,
Perchée sur mes hauts talons,
Je savoure l'instant,
Reste un moment,
A respirer l'air,
Au loin, les vagues de la mer,
Se font sentir,
Un parfum d'ivresse n'en finit pas de mourir,
Le sel parfume l'eau,
Cette effluve guérit mes maux,
Je ne veux plus repartir,
Ne me laissez pas mourir.

*Haute déception*

Amour chagriné,
Promesses piétinées,
J'avance dans la peur,
Ne compte plus mes pleurs,
Devant le miroir,
Où je crie mon désespoir,
Je veux le briser,
Le retrouver sur le plancher,
Cet amour  impossible,
Me laisse des blessures indélébiles,
Je ne te reconnais plus,
T'ai-je déjà connu ?

*La petite mort des sentiments*

Le doute au cœur,
Mes sentiments se meurent,
Mon amour semble défraîchi,
Comme à l'abandon, terni,
Je ne sais plus conjuguer le verbe aimer,
Je conjugue davantage le verbe détester,
Je te hais,
Tu me déplais,
Mon amour pour toi s'est envolé,
Dans la nuit quelqu'un l'a cambriolé,
Et ne le rendra pas,
Tant pis pour toi.

*Réminiscences*

Comme un voleur tu es parti,
Sans un regard, tu t'es enfui,
Prisonnière de ton souvenir,
De désespoir je soupire,
Tes photos entre mes mains,
Cette décision qui t'appartient,
Je n'ai pas su écrire l'histoire,
Que nous tentions de peindre dans le noir,
Tels deux enfants,
se prenant pour des adolescents,
Caressant l'âge adulte,
Offrant des répliques cultes,
Je me souviens de tes baisers,
De tes lèvres sur les miennes sagement posées,
De ton parfum qui envahissait la pièce,
De cette joie, cette allégresse,
De se retrouver,
Dans les bras de l'autre s'emmitoufler,
Ce temps-là appartient au passé,
Il s'est simplement envolé.

*Les lettres fières*

Je noircis des pages,
Les emmène vers d'autres rivages,
Je cajole les consonnes,
Veille à ce qu'elles résonnent,
Surveille aussi les voyelles,
Il faut qu'elles soient sûres d'elles,
J'aime les voir s'enlacer,
Observer les lettres s'amuser,
Proposer d'infinis sons,
Éclater en amont,
Je dessine des sonorités,
Vois des mots tracer leur sonorité.

*Les nuages vivent aussi*

Le temps passe,
Les arbres s'enlacent,
Je ne reconnais plus ce chemin,
Ce n'est plus le mien,
Je me sens égarée,
Est-ce bien ma destinée ?
Qui croire ?
Où est cette note d'espoir ?
Les nuages si fiers,
Abritent la Terre,
Menacent d'éclater,
Et de voir le paysage se colorer,
La pluie n'est plus très loin,
Elle est en chemin,
Je la sens,
Je l'entends,
Ses gouttes si fines,
Je les devine,
Elles ricochent sur mon visage,
Et annoncent un heureux présage

*Souviens-toi !*

A la lumière du jour,
Tout n'est qu'amour,
Tout n'est que beauté,
Il suffit de savoir écouter,
Chaque note n'est que délice,
Loin de là le sacrifice,
La vie de regarde,
Mais il faut se mettre en garde,
Il ne faut pas oublier de vivre,
La vie il convient de la suivre,
Elle laisse sur le côté,
Ceux qui refusent de jouer.

*Lueur*

Le soleil se laisse entrevoir,
Enfin une lueur d'espoir,
Les souvenirs renaissent,
Jamais ils ne blessent,
Soudain ils s'envolent,
Le bien-être décolle,
Vers d'autres rivages,
Caressent les nuages,
Se confondent avec les rayons de soleil,
Et brillent à merveille.

*Plainte*

J'ai tenté de m'effacer,
Pourquoi faut-il sans cesse lutter ?
Contre cette vie impossible,
A la fois irascible,
Pourquoi ne m'accepte-t-elle pas ?
Pourquoi ne veut-elle pas de moi ?
Je m'accroche à elle,
Je suis un ange sans ailes,
Un ange déchu,
Trop souvent déçu,
La vie ne m'a pas choisie,
Je dois faire d'elle mon amie.

*Sensibilité*

Mes émotions intenses,
Ne souffrent d'aucune carence,
Sans cesse en ébullition,
Elles connaissent l'agitation,
Éperdument renouvelées,
Exacerbées,
La joie,
Le cœur en émoi,
La colère,
Le cœur qui crie misère,
La paranoïa,
Le cœur qui pense qu'on ne l'aime pas,
Le chagrin,
Le cœur qui pleure pour un rien,
La peur,
Le cœur qui retarde l'heure.

*Imagine !*

Ne cesse jamais de rêver,
N'interromps jamais ce qui te permet de briller,
Ne mets jamais tes rêves au vestiaire,
Ne fais pas comme tes pairs,
Laisse la vie t'embarquer,
Elle a des trésors à te montrer,
Mais parfois elle se fâche,
Nous fait l'effet de coups de hache,
Distribués à la pelle,
à se brûler les ailes,
La vie nous teste,
N'attends pas qu'elle nous déteste,
Propose-lui ta vision,
Offre-lui tes créations.

*Les mots*

Je me régale de mots,
Je les trouve tous beaux,
Avec un faible pour les adverbes,
Je me crois écrivain en herbe,
J'écris à en arracher la feuille,
Je me gonfle d'orgueil,
Jamais la plume ne me déçoit,
Elle suit chacun de mes pas,
Toujours bienveillante,
Elle est avant tout patiente,
Elle respecte mes sautes d'humeur,
Sait qu'il ne faut pas avoir peur,
De la perte d'inspiration,
Car elle revient à chaque saison.

*La douceur*

Les mots sont d'une douceur infinie,
Leur souffle me maintient en vie,
Les syllabes fraîchement prononcées,
Les consonnes ou voyelles délicatement susurrées,
Du bout des lèvres,
Me donnent la fièvre,
M'en font voir de toutes les couleurs,
J'en oublierais presque l'heure,
J'en perds le contrôle,
Ce n'est pourtant pas leur rôle.

*L'autel*

Habillé de ton costume en velours,
Tu cries oui à l'amour,
Ce bouquet de roses que tu tiens,
Sera-t-il mien ?
Je devine tes pensées se balader,
Ton esprit se faire légèrement agresser,
Suis-je responsable ?
Suis-je de tout cela coupable ?
Je n'ose y songer,
Je n'ai que de l'amour à te proposer.

*Libère-moi !*

Agoraphobie,
Sans cesse tu me détruis,
Je ne parviens pas à t'éliminer,
A chacun de mes pas tu oses te montrer,
Je te crains,
Tu croises chaque fois mon chemin,
J'ai beau partir,
Tu ne veux pas fuir,
Un jour je gagnerai,
Je te sèmerai,
J'irai tellement loin,
Que tu te perdra en chemin,
Tu ne sauras pas si je serai partie à droite,
Je n'aurai plus les mains aussi moites,
J'aurai la force de m'en aller,
De toi m'extirper.

© 2019, Friedmann, Laura
Edition : Books on Demand,
12/14 rond-Point des Champs-Elysées, 75008 Paris
Impression : BoD - Books on Demand, Norderstedt, Allemagne
ISBN : 9782322109180
Dépôt légal : janvier 2019

.